Liebe !

Dies ist ein fürs ganze Jahr.

Da gibt es einen , eine ,

ein und viele andere Tiere.

In diesem  steckt ein ,

der gerne hampelt. Und ein ,

der einen neuen Freund findet.

Du kannst  und sehen,

sogar . Das rote  ist

für alle Leser von diesem .

Viel Spaß damit!

Jakob und Maxi

Das große spielen und lernen JAHRBUCH für Kinder

Dieses Buch gehört:

Herausgegeben von der Zeitschrift »spielen und lernen«

Inhalt

Im Winter	4
Monatsblatt Januar	5
Schlittenfahrt	6/7
's wird gut	8
Eisfuchs	9
Die Vögel laufen Schlittschuh	10/11
Ein Mond für Leonore	12-16
Vom dicken fetten Pfannekuchen	24/25
Monatsblatt März	26
Hausschaf	27
Zirkuskinder	28/29
Schnuckiputz	30-32
Möhrendip	33
Hampel-Hase	34/35
Monatsblatt April	36
Hausrind	37
Großer Bruder Maxi Hase	38-43
Monatsblatt Mai	44
König Klitzeklein	45
Die Erdkröte	46/47

Schneehase	17
Zehn kleine Winzelzirzel	18
Monatsblatt Februar	19
Fasching	20/21
Gartenzwerg	22/23

fünfter sein	48
Hauskatze	49
Das Geburtstagspaket	50-54
Monatsblatt Juni	55
Gutnacht, dicker Bär	56/57
Räuberspieße	58
Höckerschwan	59
Der kleine Elefant	60/61
Tiere im Versteck	62/63
Monatsblatt Juli	64

Frosch und der Fremde	65-68
Krokodil schwamm im Nil	69
Zauberfisch	70/71
Der Weg zum Strand	72/73
Überall gibt's Bären	74
Koala	75
Monatsblatt August	76
Wo kommt der Traumsand her?	77-79

Auf der Pirateninsel	80/81
Monatsblatt September	82
Nashorn	83
Dornröschen	84/85
Traumbaum	86/87
Was macht der Weihnachtsmann im Sommer?	88/89

Tiere und ihre Lieblingsplätze	90/91
Monatsblatt Oktober	92
Grizzlybär	93
Zwergen-Äpfel	94

Alle unsere Freunde	95-97
Ferien auf dem Bauernhof	98/99
Die Graugans	100/101
Monatsblatt November	102
Eichhörnchen	103
Laterne, Laterne	104/105
Herr Wenzel und sein Gartenzwerg	106-109
Im Wald	110/111
Winterschläfer	112
Tiger	113
Weihnachtsengel	114
Monatsblatt Dezember	115
Kerzen-Engel	116/117
Weihnacht im Wald	118/119

Der Weihnachtsmann aus dem Wunderwald	120-125
Frau Holles Schneebälle	126
Rentier	127
Ins Bett	128
Impressum	129

Im Winter

Januar – das ist die Zeit,
in der's kalt ist und oft schneit.
Der See friert zu. Dir friert die Nase.
Die Amsel friert und auch der Hase.
Die Wiese: nicht mehr grün, ganz weiß!
Am Fenster: Blumen, zart aus Eis.
Auf Schi und Schlitten geht's ins Tal
und wieder rauf und noch einmal
bergab. Am Abend Kerzenschein –
so schön kann's nur im Winter sein.

Claudia Toll

Die schöne Katze Minou geht zum Ball. Du sollst sie schminken oder ihr Schmuck anlegen, damit sie noch feiner aussieht.

Schlittenfahrt

Schlittenfahrt am steilen Hang,
auch den Mutigsten wird bang.
Rauf geht's langsam, runter schnell.
Hund folgt flitzend – mit Gebell.
»Bahn frei! Alles weg! – Ich sause!«
Alle fahren ohne Pause.
Fahr'n und fallen in den Schnee …
»Macht doch nichts! Tut gar nicht weh!«

Claudia Toll

's wird gut

Text und Melodie: Dorothée Kreusch-Jacob

's wird gut, sagt die Hand und strei-chelt dich sacht.

's wird gut, pfeift die Am-sel, schlaf gut heu-te Nacht.

's wird gut, sagt die Hand
und streichelt dich sacht.
's wird gut, pfeift die Amsel,
schlaf gut heute Nacht.

's wird gut, sagt der Igel,
komm, kuschel dich ein.
s' wird gut, summt der Mondmann
und schickt seinen Schein.

's wird gut, krächzt der Rabe
verschlafen im Traum.
's wird gut, rauscht der Wind
im Kastanienbaum.

's wird gut, brummt dein Bär
und rutscht näher zu dir.
Bald bist du gesund
und dann spielst du mit mir!

Eisfuchs

Der Eisfuchs lebt in der Arktis, wo der Winter kalt und schneereich ist. Dann trägt er einen dichten weißen Pelz. Wenn der Fuchs schläft, rollt er sich ein und steckt seine Nase ins wärmende Schwanzfell.

Die Vögel laufen Schlittschuh

Ein Mond für Leonore

Ein Märchen von James Thurber,
mit Bildern von Hildegard Müller

In einem Königreich am Meeresufer lebte einmal eine kleine Königstochter, die hieß Eleonore. Sie war fast schon elf Jahre alt, und eines Tages hatte sie zu viele Erdbeertörtchen gegessen und Bauchweh bekommen und musste im Bett liegen bleiben.
Der Hofarzt kam zu ihr, ließ sich die Zunge zeigen, steckte ihr das Fieberthermometer unter die Achsel und fühlte ihren Puls. Dann machte er ein sorgenvolles Gesicht und ließ ihren Vater, den König, rufen.
»Die Königstochter ist krank«, verkündete er.
»Hast du einen Wunsch?«, fragte der König besorgt. »Du sollst alles haben, was dein Herz begehrt.«
»Ich wünsche mir den Mond«, antwortete die Königstochter, »wenn ich den Mond bekomme, werde ich wieder gesund.«
Da der König lauter kluge Männer um sich hatte, die auch ihm alles beschafften, was sein Herz begehrte, versprach er seiner Tochter den Mond. Dann ging er in den Thronsaal und läutete nach dem Lordkanzler.
Der war ein großer dicker Mann, der eine Brille mit großen dicken Gläsern trug, wodurch er doppelt so gescheit aussah, als er wirklich war. »Ich möchte, dass du mir den Mond besorgst«, sagte der König, »die Königstochter wünscht sich den Mond, und wenn sie ihn bekommt, wird sie wieder gesund. Heute Nacht, spätestens aber morgen früh, hat er hier zu sein!«
Der Lordkanzler wischte sich mit einem Taschentuch den Schweiß von der Stirn und schnaubte laut durch die Nase. »Ich habe in meinem Leben schon eine ganze Menge Dinge möglich gemacht, aber den Mond besorgen, das kommt überhaupt nicht in Frage. Er ist 35.000 Meilen entfernt, und er ist größer als das Zimmer der Königstochter. Außerdem besteht er aus geschmolzenem Kupfer. Den Mond kann ich nicht besorgen.«
Da wurde der König zornig. Er scheuchte den Lordkanzler davon und bat den Zauberer zu sich in den Thronsaal. Der Zauberer war ein kleiner dürrer Mann mit einem hageren Gesicht. Er hatte einen roten Tütenhut mit silbernen Sternen auf dem Kopf und trug einen langen blauen Mantel mit goldenen Eulen. Sein Gesicht wurde bleich wie

ein Leintuch, als der König ihm befahl, den Mond für Leonore vom Himmel herunter zu holen.

»Ich habe in meinem Leben schon viele atemberaubende Kunststücke fertig gebracht«, sagte der Zauberer, »aber den Mond kann niemand haben. Er ist 150.000 Meilen entfernt, aus grünem Käse und doppelt so groß wie das Schloss.«

Der König schnaubte abermals vor Zorn und ließ den Obermathematiker kommen. Er war kurzsichtig, hatte eine Glatze, ein Käppchen auf dem Hinterkopf und einen Bleistift hinter dem Ohr. Er trug einen langen schwarzen Mantel, der mit lauter weißen Zahlen bestickt war.

»Du sollst«, befahl der König, »auf der Stelle den Mond herbeischaffen, damit meine Tochter endlich wieder gesund werden kann.«

»Ich fühle mich sehr geehrt, aber der Mond ist 300.000 Meilen von hier entfernt«, sagte der Obermathematiker, »er ist flach wie eine Münze, besteht aber im Gegensatz zu Münzen aus Asbest und ist halb so groß wie dieses Königreich. Außerdem ist er am Himmel festgeklebt, und deshalb kann man ihn auch nicht herunter holen.«

Der König raste vor Zorn und warf den Obermathematiker hinaus. Dann rief er nach dem Hofnarren, um sich von ihm aufmuntern zu lassen. Der Hofnarr eilte in seinem buntscheckigen Gewand herbei, dass die Glöckchen nur so klingelten, die an seiner Kapuze angenäht waren, und ließ sich zu Füßen des Throns nieder. »Was kann ich für Euch tun?«, fragte er den König.

»Mir kann niemand helfen«, sagte der König niedergeschlagen, »meine kleine Tochter wünscht sich den Mond, und wenn sie ihn nicht bekommt, dann wird sie nicht wieder gesund.

Aber niemand kann mir den Mond vom Himmel holen. Wenn ich jemanden darum bitte, so wird der Mond immer größer und entfernt sich immer weiter von hier. Niemand kann mir helfen. Spiel mir etwas auf deiner Laute, aber etwas recht Trauriges.«

»Wie groß soll der Mond denn sein und wie weit entfernt?«, fragte der Hofnarr.

»Der Lordkanzler sagte, er sei 35.000 Meilen weit weg und größer als das Zimmer der Königstochter«, antwortete der König, »der Zauberer hingegen meint, er sei 150.000 Meilen entfernt und doppelt so groß wie das Schloss. Und der Obermathematiker behauptet, er sei 300.000 Meilen entfernt und halb so groß wie das Königreich.«

»Das sind alles sehr kluge Männer, also muss es stimmen, was sie sagen«, entgegnete der Hofnarr, »und wenn sie Recht haben, dann ist der Mond gerade so groß und so weit entfernt, wie es sich jeder Einzelne vorstellt. Weiß man denn aber, für wie groß die Königstochter den Mond hält? Denn das allein wäre doch wichtig.«

»Daran hab' ich noch gar nicht gedacht«, sagte der König.

»Ich werde zu ihr gehen und sie danach fragen«, sagte der Hofnarr und schlich sich auf Zehenspitzen in das Zimmer des kleinen Mädchens.

Leonore war aber noch wach und freute sich über den Besuch des Hofnarren. Sie sah sehr blass aus, und ihre Stimme klang schwach und matt.

»Hast du mir den Mond mitgebracht?«, fragte sie.

»Noch nicht«, antwortete der Hofnarr, »ich bin gerade damit beschäftigt, ihn für dich zu besorgen. Was meinst du

wohl, wie groß er ist?«
»Er ist kleiner als mein Daumennagel, denn wenn ich den gegen den Himmel halte, verdeckt er den Mond.«
»Und wie weit ist er von hier entfernt?« wollte der Hofnarr nun noch wissen.
»Er ist nicht ganz so hoch wie der Baum vor meinem Fenster, denn in manchen Nächten bleibt er in den Zweigen hängen«, antwortete Leonore.

»Dann ist es ganz einfach, den Mond zu fangen«, sagte der Hofnarr. »Ich klettere auf den Baum, wenn der Mond in den Zweigen steckt, und hole ihn für dich herunter. Und woraus ist der Mond gemacht?« »Aus Gold natürlich, du Dummkopf«, antwortete Leonore.
Da lief der Hofnarr sofort zum Goldschmied. Er bat ihn, ein kleines rundes Goldplättchen anzufertigen, um eine Winzigkeit kleiner als der Daumennagel der Königstochter. Und daraus sollte er einen Anhänger machen, den Leonore an einer Kette um den Hals tragen konnte.
Als der Goldschmied mit der Arbeit fertig war, fragte er: »Und was soll das Ganze bedeuten?«
»Du hast den Mond gemacht«, entgegnete der Hofnarr.
»Aber der Mond ist 500.000 Meilen entfernt und besteht aus Bronze, und er ist kugelrund wie eine Murmel«, rief der Goldschmied.
»Das meinst du«, sagte der Hofnarr und ging mit seinem kleinen goldenen Mond davon.
Er brachte ihn der Königstochter, und sie war überglücklich darüber. Am nächsten Tag war sie wieder gesund und konnte im Hofgarten spielen.
Die Sorgen des Königs waren damit aber noch nicht vorüber. Er wusste, dass der Mond in der Nacht wieder am Himmel stehen würde, und er wollte nicht, dass seine Tochter ihn dort entdeckte, denn dann würde sie dahinter kommen, dass es nicht der

richtige Mond wäre, den sie am Kettchen trug.

Der König fragte all seine Ratgeber, was er machen sollte, aber keinem fiel etwas Gescheites ein. »Mir kann keiner mehr helfen!«, klagte der König. »Und jetzt geht der Mond auch noch auf!«

Der Hofnarr schlug eine heitere Melodie an. »Eure gelehrten Männer sind allwissend«, sagte er, »und wenn sie den Mond nicht verstecken können, dann kann man ihn auch nicht verstecken.«

Der König seufzte tief. Da unterbrach der Hofnarr sein Spiel und rief: »Wer konnte sagen, wie man den Mond holt, als Eure klugen Männer erklärten, er sei zu groß und viel zu weit entfernt? Das war die Königstochter. Also ist die Königstochter klüger als die gelehrtesten Männer und weiß mehr vom Mond als sie alle zusammen. Also werde ich sie fragen!«

Bevor der König ihn aufhalten konnte, war der Hofnarr aus dem Thronsaal gesprungen und lief zum Zimmer der Königstochter hinauf.

Leonore lag hellwach im Bett und schaute zum Fenster hinaus zum Mond, der am Himmel stand und leuchtete, und in ihrer Hand glänzte ihr eigener kleiner Mond. Der Narr schien Tränen in den Augen zu haben. »Königstochter, sag mir nur, wie kann der Mond noch am Himmel stehen, wenn er doch jetzt an deiner Kette hängt?« fragte er verwirrt.

Leonore blickte ihn lächelnd an. »Das ist doch ganz einfach, du Dummkopf. Wenn ich einen Zahn verliere, wächst doch ein neuer nach, oder nicht?«

»Natürlich!«, sagte der Hofnarr und lachte. »Und wenn ein Einhorn sein Horn im Walde verliert, wächst ihm auf der Stirn ein neues.«

»Siehst du«, sagte die Königstochter, »und wenn der Gärtner im Hofgarten die Blumen schneidet, wachsen andere nach.«

»Dass ich darauf nicht von allein gekommen bin!«, rief der Hofnarr. »Schließlich ist es mit dem Tageslicht dasselbe.«

»Ja, und genauso ist es mit dem Mond«, erklärte Leonore, »und ich glaube, dass es mit allem so ist.« Ihre Stimme wurde immer leiser, und der Hofnarr merkte, dass sie eingeschlafen war. Behutsam deckte er sie zu.

Schneehase

Im Winter ist das Fell des Schneehasen weiß. In verschneiter Umgebung ist er dann kaum zu entdecken. Er sitzt auch oft ganz still in einer Mulde, geschützt vor dem Wind. Im Frühjahr wird sein Fell langsam wieder grau-braun.

Zehn kleine Winzelzirzel

Text und Melodie: Dorothée Kreusch-Jacob

Zehn klei-ne Win-zel-zir-zel bau-en sich ein Haus,
schlep-pen Stei-ne win-zig klein, he-ben Er-de aus.

Zehn kleine Winzelzirzel
pinseln Haus und Wände,
zirzeln alles winzig bunt,
klecksen ohne Ende.

Zehn kleine Winzelzirzel
schaun zum Fenster raus,
freun sich winzelzirzelig
übers Winzelhaus.

Zehn kleine Winzelzirzel
suchen sich ein Nest,
kringeln sich ganz winzig klein,
schlafen tief und fest.

Jakob, Maxi und die drei Freunde haben großen Hunger. Noch ist ihr Teller leer. Mal ihnen ihr Lieblingsessen darauf. Oder deins?

Fasching

Ein Frosch spielt Mundharmonika,
da trommelt laut ein Katzentier,
Wer macht mit? Und wer ist da?
Und was hörst du sonst noch hier?

Gartenzwerg

Wenn du bei diesem Zwerg den Arm mit dem Stöckchen bewegst, sieht es so aus, als ob er Blumen gießt. Du kannst mit dem Zwerg spielen oder ihn einfach nur in ein Blumenbeet stecken.

Zum Basteln brauchst du: festen Karton, Tonkarton, Buntpapier, 2 flache Holzleisten, Watte, 1 Briefklammer, Farben, Klebstoff, Klebeband, Schneidemesser, Schere.

Du zeichnest die Umrisse des Gartenzwergs auf Karton und schneidest sie mit dem Schneidemesser aus. Der bewegliche Arm wird einzeln aufgezeichnet und ausgeschnitten. Nun beklebst du alle Teile mit Buntpapier und malst den Zwerg an. Unter der Zwergenmütze klebst du Haare aus Watte fest. Jetzt befestigst du noch den Arm des Zwergs mit der Briefklammer. Die Holzleisten klebst du so fest, wie du das auf der Zeichnung siehst.

Vom dicken

Es waren einmal drei Frauen,
die gern einen Pfannekuchen essen wollten.
Als der dicke, fette Pfannekuchen fertig war,
richtete er sich in der Pfanne in die Höhe
und lief den drei Frauen weg und lief immerzu
kantapper, kantapper in den Wald hinein.

Da begegnete ihm Häschen Wippschwanz.
»Dicker, fetter Pfannekuchen, bleib stehen,
ich will dich fressen!«, rief es.
Aber der dicke, fette Pfannekuchen lief
kantapper, kantapper in den Wald hinein.

Da kam der Wolf Dickschwanz.
»Dicker, fetter Pfannekuchen, bleib stehen,
ich will dich fressen!«, rief er.
Aber der dicke, fette Pfannekuchen lief
kantapper, kantapper in den Wald hinein.

Da kam Ziege Langbart.
»Dicker, fetter Pfannekuchen, bleib stehen,
ich will dich fressen!«, rief sie.
Aber der dicke, fette Pfannekuchen lief

fetten Pfannekuchen

Mit Bildern von Katja Schmiedeskamp

Da kam Pferd Plattfuß.
»Dicker, fetter Pfannekuchen, bleib stehen, ich will dich fressen!«, rief es.
Aber der dicke, fette Pfannekuchen lief kantapper, kantapper in den Wald hinein.

Da kam Schwein Kringelschwanz.
»Dicker, fetter Pfannekuchen, bleib stehen, ich will dich fressen!«, rief es.
Aber der dicke, fette Pfannekuchen lief kantapper, kantapper in den Wald hinein.

Da kamen drei Kinder daher, die hatten keinen Vater und keine Mutter mehr und sprachen:
»Lieber Pfannekuchen, bleib stehen!
Wir haben noch nichts gegessen den ganzen Tag.«
Da sprang der dicke, fette Pfannekuchen den Kindern in den Korb
und ließ sich von ihnen essen.

Zeit fürs fröhliche Frühlingsbad bei Maxi und Jakob! Wer planscht in der Wanne? Klebe Fotos ein oder mal es auf.

Hausschaf

Im Frühjahr und Sommer, wenn es draußen schon wärmer wird, werden die kleinen Lämmer geboren. Sie springen oft zusammen herum. Doch immer wieder laufen sie auch an die Seite ihrer Mutter.

Zirkuskinder

Kiki kann mit vier Bällen jonglieren. Ada kann auf dem Seil tanzen. Mirko ist schon ein kleiner Clown. Zirkuskinder lernen tolle Kunststücke.

Schnuckiputz

Von Franz Stanzl,
mit Bildern von Detlef Kersten

Es war einmal ein ziemlich kleiner König, der regierte ein ziemlich kleines Land. Und weil er seine Sache im Großen und Ganzen ziemlich gut machte, war er bei seinem Volke hoch angesehen und beliebt. »Es lebe der König!«, riefen die Leute immer, wenn sie ihn in der Kutsche vorbeifahren sahen, und sie schwenkten ihre Hüte und jubelten ihm zu.
Wenn aber einer mit dem kleinen König etwas zu sprechen hatte, so redete ihn der natürlich ehrerbietig mit »Eure Majestät« an. Auch die Minister sagten »Eure Majestät«, genauso wie die Diener, die Köche, die Mägde und die Hofdamen. Was sein muss, muss schließlich sein.
Nur die Großmutter – die sagte nicht »Eure Majestät«.
»Schnuckiputz« nannte sie den kleinen König! – Schnuckiputz! – Und das auch vor allen Leuten.
»Schnuckiputz, du solltest den Palast wieder einmal neu tünchen lassen!« – »Schnuckiputz, deine Krone sitzt schief!« – »Schnuckiputz, findest du nicht, dass sich deine Minister etwas öfter die Nase putzen könnten?«
Die gute Großmutter, die konnte und konnte es sich einfach nicht abgewöhnen, den kleinen König wie ein kleines Kind zu behandeln und ihm in Alles und Jedes hineinzureden, selbst in die Regierungsgeschäfte. In der allerbesten Absicht natürlich – aber trotzdem …!
Es war schon ziemlich unangenehm, wenn sie mitten bei einem Arbeitsessen mit ausländischen Gesandten plötzlich hereinkam und fragte: »Sag, Schnuckiputz, hast du dir auch die Hände gewaschen?« (Manchmal kam es bei derartigen Gelegenheiten sogar

vor, dass sie zu ihrem Taschentuch griff, es auf die eine oder andere Art befeuchtete und dem kleinen König über Mund, Kinn und Wangen wischte!!)
So etwas schlug natürlich gewaltig auf den königlichen Magen.
Andererseits ... – der kleine König hatte seine Großmutter trotz allem gern. Sehr gern sogar. – Schon als ganz, ganz kleines Königskind war es das Schönste für ihn gewesen, wenn sie am Abend in sein Schlafgemach kam, ihm die königliche Bettdecke hochzog und ihm einen Gute-Nacht-Kuss gab. Und das war – offen gestanden – heute nicht anders als damals.

»Vielleicht«, dachte der kleine König, »vielleicht SIEHT sie bloß nicht, dass ich längst nicht mehr SO klein bin, wie sie meint. Und deshalb nennt sie mich 'Schnuckiputz' und behandelt mich wie ein Baby. Könnte ja sein.«
Ja, das konnte sehr gut sein. Denn die Großmutter hatte es bislang immer abgelehnt, eine Brille auch nur anzuprobieren.
»So etwas passt nicht zu mir«, hatte sie allen diesbezüglichen Versuchen des königlichen Haus- und Hofarztes von vornherein abgewunken. »Brillen sind grässlich.« – Und wenn Großmütter eine Sache grässlich finden, dann lässt sich meistens nicht viel dagegen machen. Es sei denn – es sei denn, sie bekommen sie von einem lieben Enkelkind geschenkt. Das wusste auch der kleine König, und so schenkte er kurzerhand eines schönen Tages seiner Großmutter eine funkelnagelneue Brille. Er schrieb auch eigenhändig einen Zettel dazu: »Von mir für dich!«
Und tatsächlich: Als die Großmutter an diesem Tag zum Gute-Nacht-Sagen in das königliche Schlafgemach kam, trug sie die Brille auf der Nase. Und das tat wohl seine Wirkung:
»Was muss ich sehen, was muss ich sehen?«, rief die Großmutter nämlich. »Du hast dich ja im Lauf der Zeit zu

einem richtig großen kleinen König herausgewachsen!«

»Tja«, meinte der kleine König. Und er dachte: »Was so eine Brille nicht alles ausmacht!«

»Wie schön!«, freute sich die Großmutter. »Dann brauche ich mich ab jetzt nicht mehr so viel um deine Regierungsgeschäfte zu kümmern.«

»Nein«, sagte der kleine König.

»Und 'Schnuckiputz' sollte ich vielleicht auch nicht mehr zu einem richtig großen kleinen König sagen«, meinte die Großmutter nachdenklich, während sie die königliche Bettdecke hochzog.

»Weißt du was«, schlug ihr da der kleine König vor. »Wenn wir zwei ganz allein zu Hause sind, würde ich mich schon freuen, wenn du mich weiterhin so nennen würdest wie bisher …«

»Na, meinetwegen. – Aber vor den Leuten heißt du ab jetzt 'Eure Majestät'. Und keine Widerrede, Schnuckiputz! – Was sein muss, muss schließlich sein.«

Dann nahm die Großmutter für einen Augenblick die Brille ab, um dem großen kleinen König einen Gute-Nacht-Kuss auf die Stirn zu drücken.

»Gute Nacht«, sagte sie und lächelte dabei.

»Gute Nacht«, sagte auch der kleine König.

Und im Grunde fanden die beiden alles ganz in Ordnung, so wie es nun einmal gekommen war.

Möhrendip

Du brauchst: 200 g Jogurt, 2 Esslöffel Öl,
2 bis 4 Esslöffel gehackte Küchenkräuter
(Petersilie, Dill, Kresse),
Kräutersalz, Zitronensaft, Möhren

1. Den Jogurt mit dem Öl verrühren.

2. Die gehackten Kräuter unterziehen und den Dip mit Kräutersalz und Zitronensaft abschmecken.

3. Die Möhren putzen und mit Zitronensaft beträufeln.

Hampel-Hase

Diesen Hasen kannst du in der Osterzeit vor der Haustür, im Fenster oder an einem Baum hampeln lassen. Wie du ihn bastelst, steht hier:

Zum Basteln brauchst du: Karton oder Pappe, Tonkarton, Stoffreste, Knöpfe, Klebstoff, Schnur, 6 Briefklammern, 2 Holzperlen, 2 Tieraugen, eventuell Farben zum Bemalen.

Alle Teile, die du für den Hasen brauchst, zeichnest du auf die Pappe und schneidest sie aus. Dann bekommt der Hase Kleider: Dafür beklebst du alle Teile mit Tonkarton oder Stoffresten. Arme und Beine werden mit Briefklammern so befestigt, dass sie sich noch leicht bewegen lassen. Wie die Schnüre an dem Hasen angebracht werden, siehst du auf der Zeichnung. Fehlt nur noch ein niedliches Hasengesicht. Dazu klebst du die Tieraugen und eine dicke braune Holzperle als Nase fest.

Hase von hinten!

Jetzt wacht der Buchstabenkäfer auf und möchte gleich Buchstaben fressen. Mal ihm Buchstaben, die du kennst, auf den Bauch.

Hausrind

Die Kühe kümmern sich sehr lieb um ihre Kälber. Sie beschützen sie und lecken ihnen das Fell sauber. Die Kälbchen trinken Milch bei der Mutter, aber sie mögen auch schon bald das saftige grüne Gras.

Großer Bruder Maxi Hase

Von Abby Levine,
mit Bildern von Lynn Munsinger

Als Familie Hase in den Ferien nach New York flog, war es natürlich wieder Maxi, der alles besser wusste. Ganz wie zu Hause.
Er wusste, wie man den Sicherheitsgurt anlegt. Er wusste, wie man das Tischchen zum Essen herunterklappt. Am Gepäckband kreischte er: »Da ist unser Koffer!« Und er hatte Recht.

In New York war es genauso schlimm. Er konnte die Speisekarte lesen. Und er konnte mit offenen Augen unter Wasser schwimmen.
Als sie auf der Aussichtsplattform des Empire State Buildings, einem der höchsten Gebäude, standen, zeigte Maxi auf ein Haus in der Nähe. »Dort ist unser Hotel!«, schrie er.
Und er hatte Recht.
»Immer weiß Maxi alles«, beschwerte sich Jockel bei seiner Mutter.

»Er weiß gar nicht alles«, sagte seine Mutter. »Auch wenn es sich fast so anhört.«
Auf den Straßen ging es laut und lebhaft zu. Es machte Spaß zuzuschauen. Familie Hase nahm die U-Bahn und die Fähre zu Ellis Island, einer nahe gelegenen Insel.
Sie besichtigten die Große Halle, wo die Einwanderer aus fremden Ländern in früheren Zeiten ankamen. Mutter sagte, dass ihre Urgroßmutter hier vor vielen, vielen Jahren gestanden hätte. Jockel entdeckte ein Foto, auf dem jemand wie Mutter aussah.
Maxi sagte: »Ich habe alles über die Einwanderer in der Schule gelernt.«
»Schaut mal!«, sagte Jockel, als sie zurück zur U-Bahn kamen. »Ich kann meinen Fahrschein alleine abstempeln!« »Na großartig!«, sagte Maxi.
»Wird er denn immer älter als ich sein«, fragte Jockel seine Mutter, »selbst wenn ich sieben bin?«
»Selbst wenn ihr beide schon alte, grauhaarige Hasen seid, wird Maxi immer noch älter sein«, meinte Mutter. Sie dachte einen Moment lang nach. »Hier hab' ich ein Gedicht für dich«, sagte sie dann.
Du wurdest geboren, da war er zwei.
Deswegen weiß er mehr – so allerlei.
Bist du ein großer starker Hasenmann,
ist Maxi auch nicht klüger dann.
»Hast du dir das ausgedacht?«, fragte Jockel. »Ja, gerade eben, extra für dich«, sagte Mutter. Aber Jockel konnte sich nicht richtig darüber freuen. Es würde lange dauern, bis er und Maxi erwachsen wären.
Die U-Bahn war völlig überfüllt und Familie Hase musste stehen. Die Bahn ruckelte hin und her. Jockel war völlig verschreckt. Maxi war zwischen einer riesigen Dame und einem großen dünnen Mann eingeklemmt.

Der Zug hielt. »Hier müssen wir raus!«, sagte Vater. Inmitten einer Masse von Leuten wurden sie nach draußen geschoben.
»Maxi …«, sagte Vater, aber es kam keine Antwort. Maxi war nicht da! Die Türen schlossen sich automatisch. Jockel drehte sich um. »Maxi ist noch im Zug!«, kreischte er.

Als der Zug davonfuhr, sahen sie Maxis verzweifeltes Gesicht im Rückfenster. Dann verschwand die Bahn im dunklen Tunnel.
»Ich nehme den nächsten Zug zur nächsten Station und suche ihn!«, rief Vater. »Vielleicht steigt Maxi dort aus und wartet auf uns!«
»Ich suche die nächste Polizeistation!«,

schrie Mutter zurück. Sie rannte die Treppe hoch und zerrte Jockel an einer Pfote mit sich.
Der Polizist war sehr freundlich. »Regen Sie sich nicht auf, liebe Frau«, sagte Wachtmeister Wolf. »Wir finden Ihren Jungen schon.« Er nahm Maxis Beschreibung auf. Dann telefonierte er mit der U-Bahn-Polizei. »Er ist sieben Jahre alt und trägt ein rotes T-Shirt, blaue Hosen und eine orangefarbene Baseballmütze. Er hört auf den Namen Maxi.«
Jockel wünschte, er wäre auch verloren gegangen. Maxi schaffte es immer, im Mittelpunkt zu stehen.
Es dauerte lange, bis Vater endlich auf dem Polizeirevier erschien. Er war verzweifelt. »Ich habe Maxi nirgendwo gefunden.«
»Gehen Sie zurück zu Ihrem Hotel«, sagte Wachtmeister Wolf. »Wir werden uns dort bei Ihnen melden.«
Langsam gingen Mutter und Vater zurück zum Hotel. Sie hielten Jockel ganz fest bei den Pfoten.
»Bin ich jetzt der Älteste?« fragte er. »Darf ich es seinem Lehrer sagen?« Aber weder Mutter noch Vater antworteten.
Plötzlich erinnerte sich Jockel an das Gesicht von Maxi im Rückfenster des Zuges. Wie Maxi sich gefürchtet hatte! Wenn er sich nun immer noch fürchtete, so ganz allein? Jockels Herz begann ganz schnell zu schlagen.
»Glaubt ihr, dass Maxi zurückkommen wird?«, fragte er.
»Es wird schon alles gut gehen«, sagte Mutter. Aber die Tränen liefen ihr die Wangen herunter.
»Da bin ich ganz sicher«, sagte der Vater. Aber er sah gar nicht so aus. Die Straßen waren laut und überfüllt. Alles sah traurig und unheimlich aus. Endlich kamen sie in die Hotelhalle – und wer war da? Maxi! Er saß auf dem Tisch der Hotelrezeption, hielt einen Lutscher in der Hand und erzählte einer Menge von Leuten und einer Polizistin seine aufregende Geschichte.
»Maxi!«, kreischten Mutter und Vater. Sie stürzten auf ihn zu und umarmten ihn. »Wie bist du bloß hierher gekommen?« fragte Vater.
»An der nächsten Station bin ich wie alle anderen ausgestiegen«, erklärte Maxi. »Ich bin ihnen einfach die Treppe hoch nachgegangen. Dann habe ich das Empire State Building gesehen. Ich habe gewusst, dass unser

Hotel ganz in der Nähe ist. Also bin ich einfach hierher gegangen.«
»Mir fehlen die Worte!«, sagte Mutter.
»Ich bin völlig platt!«, sagte Vater.
»Gescheites Kind«, sagte der Portier.
»Tapferer Junge«, meinte die Polizistin, die eine Pistole im Halfter und Handschellen an ihrem Gürtel trug.
Jockel stand mit offenem Mund da. Es war einfach wahr: Maxi wusste wirklich alles. Aber diesmal machte es Jockel nichts mehr aus.
Nach diesem Schrecken erholte sich die Familie Hase in ihrem Hotelzimmer. Jockel und Maxi spielten auf dem Teppich Autorennen, während Mutter und Vater fernsahen.
Jockels Autos gewannen zweimal. Die Klimaanlage summte und es war sehr gemütlich.
»Hast du dich im Zug gefürchtet?«, flüsterte Jockel.
Maxi antwortete nicht gleich.
Dann sagte er leise: »Vielleicht ein bisschen.«
Sie spielten weiter, bis Jockel sagte:
»Mutter, mach doch auch mal ein Gedicht für Maxi.«
Mutter überlegte einen Moment.
Dann sagte sie:
In der U-Bahn fuhr Maxi viele Stunden.
Er ging verloren und wurde wiedergefunden.
»Ich habe mich selber gefunden«, betonte Maxi.
»Klar doch«, sagte Vater und umarmte seine beiden Jungen.
»Lasst uns alle zum Schwimmbad runtergehen«, schlug Maxi vor.
»Komm schon, Jockel. Ich zeige dir, wie man mit offenen Augen unter Wasser schwimmen kann.«
Maxi und Jockel badeten den ganzen Abend. Sie erforschten die Unterwasserwelt nach Haien und feindlichen U-Booten, und Maxi zeigte Jockel das Hasenpaddeln.
Mutter und Vater umarmten sie ganz fest. »Ach«, meinten sie. »Wie ist es schön, dass Maxi wieder da ist.
Und das war es.

Seltsame Tiere sind Maxi und Jakob ins Netz gegangen. Mal oder kleb sie auf, bevor die beiden sie wieder freilassen.

König Klitzeklein

Kennst du den klitzekleinen König?
Der redet viel und schläft nur wenig.
Er reist auf einem seltnen Tier.
Vielleicht kommt er heut Nacht zu dir.

Hermann Krekeler

Die Erdkröte

Die Erdkröten sind langsame Wanderer. Für ihre Reise vom Wald hinüber zum Tümpel haben sie viele Tage und Nächte gebraucht. Am liebsten wandern Kröten in der Dämmerung und in der Nacht.
Eine Erdkröte erwacht im zeitigen Frühjahr aus ihrer Winterstarre. Gemeinsam mit vielen anderen macht sie sich auf den Weg zum Laichplatz. Das letzte Stück lassen sich die Männchen von den Weibchen tragen.
Im Tümpel angelangt, ruhen sich die Kröten erst einmal aus. Dann beginnt jedes der Weibchen lange, durchsichtige Schläuche aus seinem Körper herauszupressen und um die Wasserpflanzen zu wickeln. Diese Schläuche sind voll mit Eiern. Das Männchen hält sich noch immer an dem Weibchen fest und befruchtet dabei die Eier.
Jetzt sind die Erdkröten wieder auf der Rückreise. Es hat geregnet. Das haben die Kröten gern. Die niedrige Steinmauer ist das letzte Hindernis, das sie noch von ihren Erdlöchern im Wald trennt.
Die Sonne wird die Eier unter Wasser reifen lassen. Nach zwei Wochen werden Tausende von Kaulquappen in dem Tümpel umherschwimmen.
Eine Kaulquappe kann nur im Wasser leben, denn sie atmet durch Kiemen. Mit ihren winzigen Hornzähnchen ernährt sie sich von Wasserpflanzen. Langsam aber bilden sich ihre Büschelkiemen zurück: Die Kaulquappe bekommt Lungen. Es wachsen ihr Beinchen und der lange Schwanz verschwindet. Im Maul hat sie bereits winzige spitze Zähne, um sich nicht mehr von Wasserpflanzen, sondern von Insekten ernähren zu können. Schließlich kriecht eine kleine schwarzbraune Kröte an Land.

Größe: Männchen 12 cm, Weibchen 20 cm
Nahrung: Insekten, Schnecken, Regenwürmer
Lebenszeit: bis zu 15 Jahre. Steht unter Naturschutz!
Wanderweg: in ganz Europa, vom Wald, Garten usw. bis zum See oder Teich, bis zu 5,5 km

fünfter sein

tür auf
einer raus
einer rein
vierter sein

tür auf
einer raus
einer rein
dritter sein

tür auf
einer raus
einer rein
zweiter sein

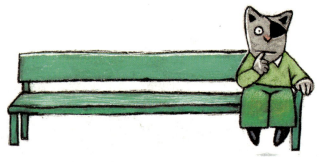

tür auf
einer raus
einer rein
nächster sein

tür auf
einer raus
selber rein
tagherrdoktor

Ernst Jandl

Hauskatze

Katzen sind neugierig und verspielt, sie jagen und toben viel und sie streifen auch allein umher. Doch sie können auch sehr anschmiegsam sein und lassen sich gerne streicheln. Dann schnurren sie leise.

Das Geburtstags-paket

Von Ingrid Uebe,
mit Bildern von Petra Probst

Nicki hat Geburtstag. Endlich! Geburtstag ist toll. In der Nacht vorher kann man gar nicht gut schlafen. Aber am Morgen ist man trotzdem nicht müde. Geburtstag ist ein Zaubertag. Alles, was man sich wünscht, geht in Erfüllung. Oder vielleicht doch nicht? Nicki kuschelt sich noch einmal unter die Decke und malt sich aus, was der Tag bringen wird: eine Geburtstagstorte, einen Tisch voller Geschenke und ein großes Fest. In Nickis Straße wohnen viele Kinder. Alle, alle sollen am Nachmittag kommen und mitfeiern. Ja, das wäre das schönste Geschenk.

Der Frühstückstisch ist heute Nickis Geburtstagstisch.
Nicki packt aus, zuerst die kleinen Geschenke und dann die großen. Das gehört sich so. Nicki bekommt ein Spiel, einen Malkasten, eine Loko-

motive mit vielen Wagen und ein Krokodil für das Kasperltheater.
Am besten gefällt Nicki der Malkasten. Damit kann man alles malen: ein Haus, einen Blumentopf, einen Goldfisch im Glas, die ganze Welt und noch mehr.
Ich habe alles bekommen, was ich mir gewünscht habe, denkt Nicki. Jedenfalls fast alles. Bestimmt alles, was auf einem Frühstücks-Geburtstagstisch Platz hat.
Da steht noch immer das große Paket. In einem großen Paket steckt sicher auch eine große Überraschung.
»Willst du es denn nicht auspacken?«, fragt Mama und lacht. Nicki macht die Schleife ab und dann das Papier – das erste Papier, das zweite Papier und das dritte Papier. Das abgemachte Papier wird immer mehr.
Das Überraschungspaket wird immer weniger.
Endlich kommt eine klitzekleine Schachtel heraus. Darin steckt ein Zettel. Nicki faltet ihn auseinander. Es ist etwas darauf gemalt.
Ein Spinnennetz.
»Ich glaube, ich weiß was«, sagt Mama. »Du sollst dahin gehen, wo ein Spinnennetz ist. Auf den Dachboden. Vielleicht findest du dort etwas.«
Auf dem Dachboden ist es schön schummrig.
Und was da alles rumsteht!
Mama ist mit auf den Dachboden gegangen. Das ist auch gut so. Nicki ist ein bisschen unheimlich zumute. Unter den schrägen Wänden wird es nicht richtig hell. In den Ecken ist es

ganz dunkel. Alles liegt voller Staub, und Spinnennetze gibt es tatsächlich sehr viele. Es riecht auch so komisch. Hinter dem großen Schrank hört man ein Knistern. Etwas huscht unters Sofa. Oben im Gebälk flattert ein Schatten herum.
»Du musst suchen, mein Schatz!«, sagt Mama.
Nicki wandert herum. Die Holzbohlen ächzen und knarren.
Nicki wühlt in der Truhe mit alten Kleidern, schaut in die Kiste voll gelber Zeitungen, schiebt den quietschenden Puppenwagen beiseite, klettert zum Vogelkäfig hinauf.
Da ist es! Das, was Nicki gesucht hat. Noch ein Paket.
Nicki packt es gleich aus. Das macht wieder allerhand Arbeit. Übrig bleibt eine Schachtel, so klitzeklein wie die erste und mit einem Zettel darin.
Darauf ist ein Sandförmchen gemalt.
»Ich weiß was«, sagt Mama.
»Ich auch«, sagt Nicki. »Ich soll in den Hof gehen, wo der Sandkasten ist.«
Im Hof, wo der Sandkasten ist, ist heute nichts los.
Viele Sachen sind da, aber gar keine Leute.
Nicht ein einziges Kind lässt sich blicken, und alle Fenster bleiben geschlossen. Nicki geht in den Sandkasten und gräbt den Sand um und um. Doch darunter ist leider gar nichts versteckt. Nicki ist ganz enttäuscht.
Die alte Frau Piepenbrink kommt mit der Gießkanne und gießt ihre Blumen, die roten Geranien und die blauen Hortensien. Auf einmal ruft sie erstaunt: »Ei, was ist denn das? In meinem Hortensienbusch liegt ein Paket!«
»Das ist für mich!«, sagt Nicki schnell. »Ich habe nämlich heute Geburtstag.«
Das sieht Frau Piepenbrink ein.
Nicki packt das Paket aus und seufzt. Es ist klar, wie das weitergeht. Unter

dem vielen Papier in der kleinen Schachtel ist wieder ein Zettel, sonst nichts. Diesmal hat jemand zwei Kirschen darauf gemalt. Mama kommt Nicki abholen. Am Arm trägt sie den Korb, den sie immer mit auf den Markt nimmt.
»Mama«, ruft Nicki, »auf dem Zettel sind diesmal zwei Kirschen. Das heißt bestimmt, ich soll auf den Markt gehen.«
»Das trifft sich ja gut«, sagt Mama. »Da wollte ich sowieso gerade hin.«
Nicki geht gern auf den Markt.
Der schönste Stand auf dem Markt ist der von Herrn und Frau Pizzini. Mama kauft nur bei ihnen und macht immer ein Schwätzchen. Heute erzählt sie, dass Nicki Geburtstag hat. »Da müssen wir ja gratulieren!«, sagt Frau Pizzini und schenkt Nicki einen Apfel. »Hier ist noch etwas für dich!«, sagt Herr Pizzini und hebt Nicki hoch. In der Kiste mit den roten Kirschen liegt ein Paket.
»Was da wohl drin ist?« wundert sich Frau Pizzini.
»Bestimmt wieder ein Zettel«, sagt Nicki.
Natürlich hat Nicki Recht. Auf dem Zettel ist diesmal ein kleiner schwarzer Zylinder. Nicki staunt, und auch Mama zuckt ratlos die Schultern. »Ich weiß was«, sagt Frau Pizzini. »Auf dem Platz hinter dem Markt beim Rathaus spielt seit gestern ein Straßenzirkus. Da tritt ein Zauberer auf. Mit einem schwarzen Zylinder.«
»Stimmt«, sagt Mama. »Ich bin gestern Abend mit Papa dort vorbeigekommen.«
»Da müssen wir hin!«, ruft Nicki und zieht Mama am Arm. Die packt schnell alles ein und gibt Frau Pizzini das Geld.
Auf dem Platz hinter dem Markt neben dem Rathaus stehen viele Leute im Kreis und bestaunen den Zirkus. Nicki schlüpft in die erste Reihe. Da kann man alles gut sehen. Ein Clown schlägt ganz oft ein Rad. Ein Chinese in grüner Seide wirft lauter bunte Teller in die Luft und fängt sie wieder auf. Eine Pudelfamilie geht auf zwei Beinen hintereinander her. Dann kommt der Zauberer mit seinem schwarzen Zylinder. Er nimmt ihn ab und holt eine weiße Taube heraus, danach ein graues Kaninchen und zum Schluss eine rote Rose. Alle sind ganz begeistert. Nicki klatscht auch.

Der Zauberer macht eine tiefe Verbeugung. Dann hebt er die Hand. Er sagt: »Ist unter dem hochverehrten Publikum vielleicht ein Kind, das Nicki heißt und heute Geburtstag hat?«
»Hier! Ich!« ruft Nicki und wird vor Freude ganz rot.
»Dann will ich dir etwas zaubern«, sagt der Zauberer und greift wieder in seinen Zylinder. Er holt ein Paket heraus und gibt es Nicki mit einer neuen Verbeugung.
Alle schauen zu, wie Nicki es auspackt, und staunen, dass nur ein Zettel darin ist. Auf dem Zettel ist diesmal eine seltsame Blume. Solche Blumen wachsen nur bei Oma im Garten. Nicki sagt: »Schnell hin!«
In Omas Garten ist eine lange Tafel gedeckt. In der Mitte liegt ein sehr kleines Paket. Nicki hat es schnell ausgepackt. Diesmal ist kein Zettel darin. Na so was! Ein Glöckchen hat sich Nicki doch gar nicht gewünscht. Was macht man mit einem Glöckchen? Läuten natürlich!
In Omas Haus geht die Tür auf. Als Erste kommt Oma heraus. Dann kommt Papa; er hat den Nachmittag frei bekommen. Hinter den beiden drängeln sich viele Kinder – alle Kinder aus Nickis Straße.
Sie rufen: »Herzlichen Glückwunsch zum Geburtstag!« Nicki strahlt. Das Fest kann beginnen.
Nickis größter Wunsch ist in Erfüllung gegangen. Das Überraschungspaket war wirklich ein tolles Geschenk.

Die Schmetterlinge leuchten prächtig in der Sonne. Mal die Flügel so bunt an, wie du möchtest.

Gutnacht, dicker Bär

Gutnacht, dicker Bär,
der Himmel steht leer.
Der Mond ist versunken,
im Waldsee ertrunken,
nun scheint er nicht mehr.

Gutnacht, dicker Bär!
Ich fühl mich so schwer,
als ob ich ein Klumpen,
ein Klumpen aus Lumpen,
ein Lumpenhund wär.

Gutnacht, dicker Bär,
dein Fell mag ich sehr.
Es riecht nach Traumonen,
nach Süßapfeltronen,
dich geb ich nicht her.

Christa Zeuch

Räuberspieße

Du brauchst: 300 g Himbeeren, 2 Esslöffel Apfel- oder Birnendicksaft, 2 nicht zu reife Kiwis, 2 nicht zu reife Birnen, Saft von 1 Zitrone, 200 g große grüne Weintrauben

1. Beeren mit einer Gabel zerdrücken und mit einem Löffel durch ein Sieb streichen, mit dem Obstdicksaft verrühren.

2. Kiwis schälen und in Scheiben schneiden, die Scheiben halbieren.

3. Birnen schälen und vierteln. Kerngehäuse entfernen. Birnenviertel quer in Scheiben schneiden und sofort in Zitronensaft wenden. Weintrauben waschen.

4. Die Früchte abwechselnd auf Holzspieße reihen und zusammen mit der Himbeersoße essen.

Höckerschwan

Mit grauem, ganz feinem Gefieder schlüpfen die Küken des Schwans aus den Eiern. Sie können gleich schwimmen, aber erst im Spätsommer fliegen. Weiß werden sie im Alter von zwei Jahren.

Der kleine Elefant

Im Schutz der Herde wird das Elefantenkind geboren. Alle kümmern sich gleich um den Nachwuchs. Es dauert eine Weile, bis das Elefantenkind aufstehen kann.
Bald schon läuft das Elefantenkind in der Herde mit. Die Elefanten durchqueren die weiten Grasländer und ziehen zu den Wasserstellen. Sie gehen ganz gemächlich.

Elefantenkinder trinken Milch bei der Mutter. Dann rollen sie ihren kleinen Rüssel nach oben. Alle Elefanten in der Herde passen auf, bis das Kind sich satt getrunken hat.
Jeden Tag zieht die Herde ans Wasser, um zu trinken und zu baden. Elefanten können ihren Rüssel auch als Dusche benutzen. Und wenn sie trinken, wird der Rüssel zum Trinkhalm.

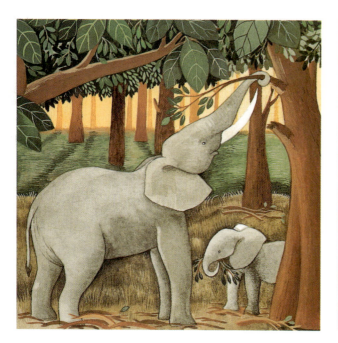 

Mit dem Rüssel erreichen Elefanten die höchsten Zweige und Blätter in den Bäumen, rupfen sie ab und fressen sie. Auch Elefantenkinder probieren, wie das frische Grün schmeckt.
Elefanten nehmen gerne Schlamm- und Staubbäder. Da sind auch die Kleinen dabei. Sie haben dann eine richtig dicke Kruste auf der Haut, die sie kühlt und vor Ungeziefer schützt.

Für die großen Elefanten sind die Löwen keine Gefahr. Aber sie werden doch durch Drohen und Wedeln mit den Ohren und durch laute Schreie vertrieben.
Der Mond scheint und es ist Zeit zum Ausruhen. Elefantenkinder legen sich zum Schlafen auf den Boden. Die Mütter schlafen im Stehen ganz nah bei ihren Kindern.

Tiere im Versteck

Im Urwald wimmelt es von Tieren. Giftgrüne Frösche und bedrohliche Raupen, bunte Vögel und fast unsichtbare Falter: Die einen tarnen sich gut, die anderen täuschen, die einen sind abschreckend, die anderen fallen auf. Wo stecken alle die Tiere?

Im alten Turm spukt es! Wie sehen die Gespenster aus, vor denen sich Jakob fürchtet? Maxi hat keine Angst vor ihnen.

Frosch und der Fremde

Von Max Velthuijs

Eines Tages war plötzlich ein Fremder da. Er schlug sein Lager am Waldrand auf. Schwein entdeckte ihn zuerst.
»Habt ihr ihn schon gesehen?«, fragte Schwein aufgeregt, als sie Frosch und Ente traf.
»Nein«, sagte Ente. »Wie sieht er denn so aus?«
»Also, wenn ihr mich fragt, er sieht aus wie eine schmutzige, dreckige Ratte«, sagte Schwein.
»Was der hier bloß will?«
»Mit Ratten muss man vorsichtig sein«, sagte Ente. »Die stehlen.«
»Woher weißt du das?«, fragte Frosch.
»Jeder weiß das«, sagte Ente unwirsch.

Frosch wusste nicht, was er davon halten sollte. Er wollte sich das Ganze einmal selber anschauen.
In dieser Nacht sah er, als es dunkel wurde, einen roten Schein in der Ferne.
Er kroch darauf zu.
Am Waldrand sah er ein Zelt aufgebaut, und der Fremde saß davor.
Ein Topf hing über dem Feuer und es roch verführerisch. Frosch fand es sehr gemütlich.
»Ich habe ihn gesehen«, erzählte Frosch den anderen am nächsten Tag.
»Und?«, fragte Schwein.
»Er schaut wie ein netter Kerl aus«, sagte Frosch.
»Pass bloß auf«, sagte Schwein. »Vergiss nicht, er ist eine dreckige Ratte.«

»Ich wette, er wird uns alles wegessen und nichts arbeiten«, sagte Ente.
»Ratten sind frech und faul.«
Aber das stimmte nicht. Ratte war immer beschäftigt. Sammelte Holz und baute geschickt einen Tisch und eine Bank.
Und schmutzig war er auch nicht – er wusch sich jeden Tag im Fluss.
Eines Tages beschloss Frosch, Ratte zu besuchen. Ratte genoss die Sonne auf seiner neuen Bank.
»Hallo«, sagte Frosch. »Ich bin Frosch.«
»Ich weiß«, sagte Ratte. »Das ist nicht zu übersehen. Ich bin ja nicht blöd. Ich kann lesen und schreiben, und ich spreche drei Sprachen – Englisch, Französisch und Deutsch.«
Frosch war sehr beeindruckt. Nicht einmal Hase konnte das.
Da kam Schwein dazu.
»Woher kommst du?«, fragte sie Ratte unfreundlich.
»Von überall und nirgendwo«, antwortete Ratte ruhig.
»Warum gehst du dann nicht zurück«, schrie Schwein. »Du hast hier nichts zu suchen.«
Ratte blieb ruhig.

»Ich bin um die ganze Welt gereist«, sagte Ratte ungerührt. »Es ist friedlich hier, und der Blick über den Fluss ist wunderschön. Mir gefällt's hier.«
»Ich wette, du hast das Holz gestohlen«, sagte Schwein.
»Ich habe es gefunden«, sagte Ratte würdevoll. »Es gehört allen.«
»Dreckige Ratte«, murmelte Schwein.
»Ja, ja«, sagte Ratte bitter. »Alles ist immer mein Fehler. Ratte ist immer an allem Schuld.«
Frosch, Schwein und Ente besuchten Hase.
»Diese schmutzige Ratte muss verschwinden«, sagte Schwein.
»Er hat kein Recht, hier zu sein. Er stiehlt unser Holz, und außerdem ist er auch noch unverschämt«, schrie Ente.
»Immer mit der Ruhe«, sagte Hase.
»Er mag anders sein als wir, aber er tut nichts Böses, und das Holz gehört allen.«
Von diesem Tag an besuchte Frosch Ratte regelmäßig. Sie saßen nebeneinander auf der Bank, genossen die Aussicht, und Ratte erzählte Frosch von seinen Abenteuern. Er war weit herum gekommen und hatte viele aufregende Dinge erlebt.
Schwein sagte Frosch, dass ihr das nicht gefiel. »Du solltest dich nicht mit dieser dreckigen Ratte abgeben«, sagte sie.
»Warum nicht?«, fragte Frosch.
»Weil er anders ist als wir«, sagte Ente.
»Anders«, sagte Frosch, »aber wir sind alle anders.«

»Nein«, sagte Ente. »Wir gehören zusammen. Ratte ist nicht von hier.«
Eines schönen Tages war Schwein beim Kochen unvorsichtig. Das Öl in ihrem Topf geriet in Brand. Schnell breitete sich das Feuer aus, und bald stand das ganze Haus in Flammen. Voller Entsetzen lief sie hinaus.
»Feuer! Feuer!« kreischte sie.
Aber Ratte war schon da. Er rannte zwischen dem Fluss und dem Haus mit Eimern voller Wasser hin und her und bekämpfte die Flammen, bis das Feuer erlosch.
Das Dach des Hauses war vollkommen zerstört. Alle Tiere standen starr vor Schrecken davor. Nun war

Schwein heimatlos. Aber sie brauchte sich keine Sorgen zu machen. Am nächsten Tag kam Ratte mit Hammer und Nägeln vorbei. In Windeseile war das Haus repariert!
Ein anderes Mal ging Hase an den Fluss, um Wasser zu holen. Plötzlich rutschte er aus und fiel in das tiefe Wasser. Hase konnte nicht schwimmen.
»Hilfe! Hilfe!«, schrie er laut.
Ratte hörte die Schreie als Erster und sprang sofort ins Wasser. Schnell rettete er Hase und brachte ihn auf das sichere trockene Ufer.
Alle waren sich nun einig, dass Ratte bleiben konnte. Er war immer gut gelaunt und immer da, wenn jemand Hilfe brauchte.
Er schlug die wunderbarsten Dinge vor, zum Beispiel ein Picknick am Fluss oder einen Ausflug in den Wald.

Und am Abend erzählte er ihnen spannende Geschichten über Drachen in China oder andere aufregende Dinge, die ihm auf der ganzen Welt begegnet waren.
Es war eine sehr glückliche Zeit, und Ratte wusste immer neue Geschichten. Aber eines schönen Tages besuchte Frosch seinen Freund Ratte und wollte seinen Augen nicht trauen. Das Zelt war abgebaut, und Ratte hatte seinen Rucksack an.
»Wohin gehst du?«, fragte Frosch voller Verwunderung.
»Es ist Zeit weiterzuziehen«, sagte Ratte. »Vielleicht gehe ich nach Amerika. Dort war ich noch nie.«
Frosch war niedergeschmettert.

Mit Tränen in den Augen verabschiedeten sich Frosch, Ente, Hase und Schwein von ihrem Freund Ratte.
»Vielleicht komme ich eines schönen Tages wieder«, sagte Ratte vergnügt.
»Dann werde ich eine Brücke über den Fluss bauen.«
Dann verließ er sie – ihr fröhlicher und hilfsbereiter Freund Ratte.
Sie schauten ihm nach, bis er hinter dem Hügel verschwand.
»Wir werden ihn vermissen«, sagte Hase mit einem Seufzer.
Ja, Ratte hinterließ eine Lücke. Aber seine Bank war noch da, und die vier Freunde saßen dort oft zusammen und sprachen über ihren guten Freund Ratte.

Krokodil schwamm im Nil

Text: Janosch
Melodie: Dorothée Kreusch-Jacob

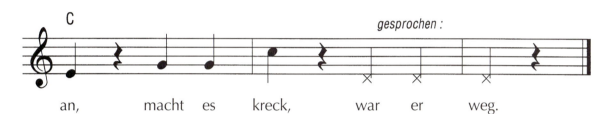

Krokodil schwamm im Nil,
kam ein Mann, hielt es an,
macht es kreck, war er weg.

*Faul döst das große Krokodil (Hand eines Erwachsenen) vor sich hin und lässt sich vom Wasser auf- und abschaukeln. Da kommt ein kleiner Mann (Kinderhand) und hastdunichtgesehen... Ach, hätte er nur besser aufgepasst!
Beim zweiten Durchsingen des Liedes werden die Rollen vertauscht.*

Zauberfisch

Wenn dieser Fisch in der Dämmerung auf einem kleinen Teich schwimmt, sieht das zauberhaft aus. Fällt dir auch eine Geschichte mit dem Männchen und dem Zauberfisch ein?

Zum Basteln brauchst du: ein halbes großes Styropor-Ei, Moosgummi in Blau, Rosa, Lila und anderen Farben, Stecknadeln, Farben zum Bemalen, Pailletten oder etwas Glitzerfolie, Schere, Styroporkleber.

Zuerst zeichnest du auf das Moosgummi die Teile eines kleinen Männchens und schneidest sie aus. Du klebst das Männchen zusammen und wartest, bis der Klebstoff getrocknet ist. In der Wartezeit bemalst du den Fischkörper. Du schneidest aus Moosgummi Flossen und einen Schwanz. Diese Teile befestigst du mit Stecknadeln am Fisch. Das Männchen steckst du nun ebenfalls auf dem Fisch fest. Wie du das genau machst, siehst du auf der Zeichnung hier.
Jetzt klebst du noch die Pailletten als Schuppen fest und der Fisch kann losschwimmen.

Hier kleben!

Der Weg zum Strand

Wie müssen Anne und Kai radeln, um zu ihren Freunden ans Wasser zu kommen? Findest du auch die abgebildeten Gegenstände wieder, die auf dem Weg bis zum Strand liegen?

Überall gibt's Bären

Der Eisbär wohnt nur dort, wo's kalt ist,
der Grizzly dort, wo Fels und Wald ist.
Der Panda mit der weißen Krause,
der ist im Bambuswald zu Hause.
Der Sonnenbär auf Borneo,
der ist nur in der Sonne froh.
Ameisenbär Tamandua
genießt es in Amerika.
Wo's Wasser gibt, gibt's Waschbärn,
wo Bonbons sind, gibt's Naschbärn,
Doch Zottel-Kuschel-Schmusebärn
mit weichem Fell und Bauch,
die mögen Kinderzimmer gern
und Kinderhände auch!

Nortrud Boge-Erli

Koala

Koalas leben auf Eukalyptusbäumen. Sie klettern langsam in den Ästen. Wenn sie Hunger haben, greifen sie nach den frischen Blättern und fressen sie. Koalas haben ein ganz weiches Fell.

Maxi und Jakob denken sich ein neues Spiel für den Computer aus, und du kannst mitmachen. Schreib auf die Linie, wie es heißen soll.

Wo kommt der Traumsand her?

Von Christa Zeuch,
mit Bildern von Sabine Lohf

Eigentlich ist es ein Sandmann-Geheimnis. Sonst könnte sich jedes Kind seinen Traumsand selber machen und die Sandmänner wären arbeitslos. Übrigens gibt es Gegenden, wo die Kinder ohne Traumsand auskommen müssen. Zum Beispiel in der Wüste Gobi oder auf der Insel Sansibar oder auf einem Kreuzfahrtschiff im arktischen Eismeer. Wenn die Kinder dort trotzdem gut träumen wollen, brauchen sie sich abends nur die Füße doppelt zu waschen, sieben Mal an den Ohrläppchen zu zupfen und Cha-Cha-Cha in die Hände zu klatschen. Dann haben auch sie gute Träume. Den meisten Kindern ist das jedoch zu umständlich. Deshalb träumen sie manchmal von pickligen Kröten, gefährlichen Löwen oder zahnlosen Nachtgespenstern.

Doch zurück zum Traumsand. Ob ihr's glaubt oder nicht, er stammt vom Mond, der ja deshalb auch so oft in den Gute-Nacht-Liedern vorkommt.

Auf dem Mond gibt es einen Krater, dessen Felsgestein funkelt und golden schimmert. In ihm befindet sich das Traumsand-Bergwerk. Rund hundert Sandmänner arbeiten darin mit Pickeln und Hacken und Sägen und Äxten und Hämmern und Feilen und Spaten. Nur die mutigsten Männer trifft man hier oben. Denn wer sich auf die Reise zum Mond wagt, der muss furchtlos sein und schwindelfrei wie ein Astronaut.

In der Mitte des Kraters steht eine Mühle, deren Flügel sich drehen. Sie kreischen ganz abscheulich und in den Vollmondnächten kann man es bis auf die Erde hören. »Krrieks, krrieks, krrieks«, schreit die Mühle Tag und Nacht. Dazu poltert ohrenbetäubend das Mondgestein, das darin zermahlen wird.

»Guter Mond, du gehst so stille«, fängt ein Abendlied an. Mit der Stille ist es allerdings vorbei, seitdem es das Mondkrater-Bergwerk gibt. Die Arbeit ist hart. Mit ihren Geräten brechen die Bergleute Felsbrocken aus dem Krater, so riesig wie Kieselsteine. Die schleppen sie auf Karren zur Mühle und hieven sie dort in einen trichterförmigen Steinfresser. Und schon rennen sie wieder los und holen die nächste schwere Fuhre.

Unter dem Trichter zerkaut ein großes Mahlwerk die Steine zu groben Sandkörnern. Zwischen kleineren Walzen werden diese noch einmal zerrieben und dann durch ein Sieb gerüttelt, bis sie staubfein sind. Das ist der Staub, aus dem die Träume kommen. Andere Sandmänner halten Säcke unter das Sieb und fangen ihn auf.

Eigentlich habe ich schon zu viel verraten! Aber wenn ihr versprecht, es

niemandem weiterzusagen, verrate ich euch auch das Allergeheimste an diesem Geheimnis: Jedes Mal, wenn der Vollmond in eure Zimmer scheint, klettern unerschrockene Sandmänner die Mondstrahlen hinauf, um den Traumsand zur Erde zu holen. Und wenn in einer Mondnacht draußen etwas geigt und fiept wie eine singende Säge, dann rutscht gerade wieder ein Sandmann auf dem Hinterteil einen Mondstrahl herunter.

Auf der Pirateninsel

Am Abend, wenn die Piraten genug geräubert haben, legen sie auf der Insel an und feiern. Piraten erzählen die wildesten Geschichten, singen laut und falsch, essen und trinken viel, spielen und tanzen. Und nach dem Fest schlafen sie alle und schnarchen.

Die Kakteen von Jakob und Maxi wachsen und gedeihen. Du musst ihnen nur Blüten oder Stacheln oder Sprossen malen.

Nashorn

Die Nashörner sind große, schwere Tiere. Doch können sie recht schnell laufen. Dann stampfen sie auf ihren kräftigen Beinen durch das hohe Gras in der Steppe. Nashörner leben in Afrika.

DA KAM DER JUNGE KÖNIGSSOHN.

"DORNRÖSCHEN, WACHE WIEDER AUF!"

DA FEIERN SIE DAS HOCHZEITSFEST.

DA JUBELTE DAS GANZE VOLK!

Traumbaum

In meinem Garten steht ein Bäumchen,
hängen daran viel goldene Träumchen.
Aber solange mein Kindchen noch munter,
fällt ihm kein Träumchen vom Bäumchen herunter.

Es war einmal ein Schaf,
das Schaf, das ward geschoren,
da hat das Schaf gefroren.
Da zog ein guter Mann
ihm seinen Mantel an.
Jetzt braucht's nicht mehr zu frieren,
kann froh herumspazieren.

Was macht der Weihnachtsmann im Sommer?

Von Brian Pilkington

Die Tage nach Weihnachten sind allerdings etwas traurig, denn jetzt ist die ganze Spannung vorbei. Nach wochenlangem Warten sind die Geschenke nun alle verteilt und aufgemacht, und auch die Süßigkeiten gehen einmal zu Ende. Der arme Willibald ist arbeitslos. Niemand braucht einen Weihnachtsmann, wenn die Festtage vorbei sind! Das Schlimmste für ihn ist, den roten Anzug weghängen zu müssen. Das nächste Weihnachten liegt 364 Tage weit weg. Ein ganzes Jahr!

Seinen herrlichen Bart kann er natürlich nicht wegschließen.

Abschneiden kann er ihn auch nicht, denn es würde Jahre dauern, bis er wieder diese Länge hätte. Außerdem braucht er ihn ja nächstes Jahr wieder.

Keine Arbeit zu haben ist für Willibald tatsächlich ein Problem. Er versucht, sich im Haus nützlich zu machen, so gut es geht. Aber auch die einfachsten Hausarbeiten haben ihre Tücken.

Willibald wohnt bei seinen Enkelkindern und deren Eltern und kümmert sich viel um die Kinder. Die kleine Jessica zum Beispiel bringt er auf dem Fahrrad in den Kindergarten.
Sie ist sehr hilfsbereit. Wenn es bergauf geht, schiebt sie mit.

Den kleinen Simon fährt er oft im Kinderwagen spazieren, und mit Anna und ihren Freunden spielt er gern Verstecken. Willibald ist ganz gut im Suchen, das Verstecken fällt ihm allerdings manchmal schwer.

Tiere und ihre

Lieblingsplätze

Von Andreas Röckener

Jakob und Maxi erfinden eine ganz seltsame Maschine. Noch rätseln sie daran herum. Du kannst für sie den Bauplan aufmalen.

Grizzlybär

Große Bären können Fische fangen, Bärenkinder müssen das erst lernen. Sie streifen mit ihrer Mutter durch die Wälder und sie kuscheln sich in ihr dickes Fell, wenn sie abends schlafen gehen:

Zwergen-Äpfel

Du brauchst: 8 Scheiben Pumpernickel, 4 Esslöffel Butter,
3 Esslöffel Honig, 6 Äpfel, Mandelsplitter,
1/4 Liter süße Sahne

1. Die Pumpernickel zerbröseln und in Butter und Honig in der Pfanne durchrösten.

2. Dann auf flache Teller verteilen.

3. Die Äpfel entkernen und raspeln, über die Pumpernickel verteilen.

4. Die Sahne steifschlagen und kleine Häufchen über die Äpfel geben und mit Mandelsplittern bestreuen.

Alle unsere Freunde

Von Ann Tompert,
mit Bildern von Lynn Munsinger

Nachdem Elefant und Maus im Park die Schaukel und die Rutsche ruiniert hatten, sagte Elefant: »Lass uns mal die Wippe ausprobieren!«
Elefant setzte sich auf das untere Ende der Wippe. Maus kletterte bis ans andere Ende, ganz nach oben. Aber nichts bewegte sich.
»Du musst fest drücken«, verlangte Elefant. »Drück ganz fest.«
Maus drückte nach unten, so fest er konnte. Aber – nichts bewegte sich.
Da kam Giraffe vorbei. »Ich helfe euch«, sagte sie.
Giraffe stakste das Brett hinauf und setzte sich vor Maus. Aber – nichts bewegte sich. Elefant blieb am Boden. Maus blieb in der Luft.
»Ihr braucht noch ein bisschen mehr Hilfe«, sagte Zebra und balancierte auf der Wippe nach oben. Aber – nichts bewegte sich.
»Jetzt alle zusammen«, feuerte Elefant sie an. »Drückt nach unten!«

Maus, Giraffe, Zebra und Löwe drückten mit all ihrer Kraft. Aber – nichts bewegte sich.
Inzwischen hatten sich viele Zuschauer eingefunden. »Wir brauchen noch ein bisschen mehr Hilfe!«, rief Elefant ihnen zu.
»Lasst mich mal ran«, sagte Bär und tapste schwerfällig auf das Brett.
Maus, Giraffe, Zebra und Löwe grunzten, ächzten und stöhnten vor lauter Anstrengung, das Brett nach unten zu drücken.
Aber – nichts bewegte sich.
»Das gibt's doch nicht!«, stöhnten die Zuschauer. »Wir brauchen noch ein bisschen mehr Hilfe«, sagte Elefant. »Wer macht mit?«
»Ich, ich«, schrie Krokodil.
»Ich auch, ich auch«, rief Mungo.
»Ich mach auch mit«, kreischte Affe aus dem Bananenbaum und ließ sich direkt auf den Rücken von Strauß fallen.

Krokodil, Mungo, Strauß und Affe kletterten einer nach dem anderen auf die Wippe.
Aber – nichts bewegte sich.
»Das darf doch nicht wahr sein!«, stöhnten die Zuschauer wieder.

»Er kriegt seinen Hintern nie vom Boden hoch«, murmelte einer der Umstehenden.
»Los! Drückt doch endlich!«, forderte der Elefant.

Maus, Giraffe, Zebra, Löwe, Bär, Krokodil, Mungo, Strauß und Affe grunzten, ächzten und stöhnten vor lauter Anstrengung, das Brett mit aller Kraft nach unten zu drücken.
Aber – nichts bewegte sich.
»Die schaffen das nie«, sagte einer der Umstehenden. »Lasst uns verschwinden!«
Die Zuschauer wollten schon alle gehen, als ein kleiner brauner Käfer durch die Luft geflogen kam. Einen Moment verharrte er über der Wippe, dann setzte er sich genau auf den Kopf von Maus.
Mit einem Ruck senkten sich Maus, Giraffe, Zebra, Löwe, Bär, Krokodil, Mungo, Strauß, Affe und der kleine braune Käfer nach unten. »Jedes kleine bisschen hilft!«, trompetete Elefant von oben herab.
»Bravo! Bravo!«, riefen die Zuschauer.
Mit Elefant auf der einen Seite und Maus, Giraffe, Zebra, Löwe, Bär, Krokodil, Mungo, Strauß, Affe und dem kleinen braunen Käfer auf der anderen Seite wippten sie auf und nieder, auf und nieder … Und die Zuschauer freuten sich und klatschten.

Die Graugans

Es ist Herbst und die Graugänse sind wieder da. Auf den abgeernteten Feldern suchen sie nach Körnern, Klee und Löwenzahn. Während die anderen fressen, halten einige der Vögel Wache.
Den Winter über werden die Graugänse bei uns bleiben. Dann kehren sie wieder in den hohen Norden zurück.
Ein Graugans-Pärchen ist bereits ein Jahr beisammen, bevor es sein Nest baut. Während das Weibchen brütet, bleibt das Männchen, der Ganter, immer in ihrer Nähe. Nach vier Wochen schlüpfen bis zu neun Junge. Graugänse sind gute Eltern. Sie zeigen ihren Jungen die besten Futterplätze und begleiten sie hinunter zum Wasser. Sind die Küken müde geworden, lässt sie die Mutter unter ihren Flügeln schlafen. Der Ganter passt gut auf seine Familie auf und verteidigt sie mit Schnabelzwicken und Flügelschlagen. Die Küken tragen ein gelbes Daunenkleid, Schnabel und Beine sind noch grau. Nach zwei Monaten färbt sich ihr Gefieder grau, Schnabel und Füße werden später orangerot. Jetzt lernen die Jungen fliegen. Bald ist jedes von ihnen so geschickt wie die Eltern. Die Graugans kann bis zu 6.000 Meter hoch fliegen. Auf ihren langen Wanderungen fliegt sie bei Tag und bei Nacht. Eine Staffel Graugänse wird immer von einer erfahrenen weiblichen Graugans angeführt.
Die jungen Graugänse begleiten ihre Eltern auf dem weiten Flug in den Süden. Und sie kehren auch wieder mit ihnen zurück. Die Reiselust der Graugänse ist nicht angeboren, sondern wird von den Eltern an die Kinder weitergegeben. Männchen und Weibchen bleiben ein Leben lang zusammen.

Größe: 90 cm; Gewicht: bis zu 10 kg
Nahrung: Gras, Blätter, Triebe (von Klee und Löwenzahn), Kräuter, Wurzeln, Beeren, Knollen, Körner
Lebenszeit: bis zu 40 Jahre
Wanderweg: von der Tundra bis nach Südeuropa

  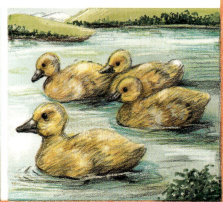

Jakob schickt Maxi einen Brief. Er will alles aufkleben und aufmalen, was ihm gefällt. Hilfst du ihm dabei?

Eichhörnchen

Schnell und geschickt klettert das Eichhörnchen am Baumstamm. Es steigt bis in die Wipfel hinauf und springt vom Ende eines Astes auf den nächsten Baum. Dabei steuert es mit dem buschigen Schwanz.

Herr Wenzel und sein Gartenzwerg

Von Vera Ferra-Mikura,
mit Bildern von Katja Schmiedeskamp

Herr Wenzel war alt und einsam. Niemand besuchte ihn. Bloß der Postbote kam einmal im Monat und zahlte ihm die Rente aus. Die Kinder des Dorfes wagten sich nicht in die Nähe seines Hauses. Der mürrische Alte war ihnen unheimlich. Am liebsten hockte Herr Wenzel im Schaukelstuhl und verschaukelte die Stunden. Wenn er vom Schaukeln genug hatte, kroch er ins Bett. Als an einem düsteren Dezembertag jemand an seine Tür klopfte, erschrak Herr Wenzel. Aber dann beruhigte ihn der Gedanke, dass Einbrecher wohl kaum an die Tür klopfen. Er schob den Riegel zurück und schaute durch den Türspalt. Draußen stand sein Gartenzwerg. Herr Wenzel prallte zurück, als stünde ein Riese vor ihm.
»Du?«, fragte er verblüfft.
»Ich!«, sagte der Gartenzwerg. An seiner Zipfelmütze klebten faulige Blätter. An seiner Nase baumelte ein dicker Tropfen. Er schnupfte auf. Und mit leiser Stimme erklärte er: »Zwanzig Jahre stehe ich mit meiner Schubkarre unter dem Kastanienbaum und rühre mich nicht vom Fleck – jetzt habe ich das Faulenzen gründlich satt. Ich langweile mich. Außerdem habe ich dieses Jahr keine Lust, mich bis über beide Ohren einschneien zu lassen.«
»Soso«, sagte Herr Wenzel ärgerlich. »Aber dein Platz ist im Garten, damit basta. Ich dulde keinen Gartenzwerg in meinem Haus.«
»Ab heute bin ich ein Stubenzwerg«, sagte der Gartenzwerg und spazierte über die Schwelle.
Herr Wenzel hatte den Besen seit Wochen nicht mehr angerührt. Jetzt packte er ihn und schrie: »Warte nur, dich kehre ich hinaus, du unverschämter Kerl!«

Doch der Gartenzwerg war schlau. Er hatte sich bereits unter einem Berg alter Stiefel und Lumpen verkrochen. Dort blieb er versteckt, bis Herr Wenzel die Suche aufgab und stöhnend zu Bett ging.

Am nächsten Morgen erlebte der alte Mann eine Überraschung. Der Fußboden war gefegt, die Tischplatte war geschrubbt, Töpfe und Pfannen waren gewaschen.

Der Gartenzwerg stand auf dem blank polierten Rand des Kochherdes und goss Kaffee auf.

»Guten Morgen«, sagte er. »Die Brote habe ich schon mit Butter bestrichen. Wenn du gewaschen bist, können wir das Frühstück essen.«

Herr Wenzel hatte sich schon lange nicht mehr gewaschen.

Und gekämmt hatte er Haare und Bart höchstens mit den gespreizten Fingern.

Er glotzte vor sich hin. Eine Weile musste er darüber nachdenken, ob er die Hände wirklich in die Waschschüssel tauchen sollte. Vielleicht verspottete ihn der Zwerg, wenn er es nicht tat. Also ging er schließlich hinaus, wusch und kämmte sich und guckte nach langer Zeit wieder in den Spiegel.

Merkwürdig, dachte er. Denn er gefiel sich. Er gefiel sich so gut, dass er den Mund zu einem Lächeln verzog. Und gelächelt hatte Herr Wenzel schon ein paar Jahre nicht mehr.

»Und was machen wir nach dem Frühstück, du verrückter Zwerg?«, fragte er, als er sich an den Tisch setzte.

»Zuerst basteln wir ein schönes Futterhaus für die Vögel im Garten«, antwortete der Gartenzwerg. »Ist dir das recht?«

»Nein!«, knurrte Herr Wenzel. Doch wenig später brachte er Bretter und Nägel aus dem Schuppen und baute ganz allein ein nettes Futterhäuschen. Der Gartenzwerg saß daneben und stopfte Herrn Wenzels graue Socken mit himmelblauer Wolle.
In der Nacht fiel der erste Schnee. Still rieselte er auf das Haus und den Garten nieder.
Herr Wenzel stand am Morgen hinter der Fensterscheibe und schaute zu, wie die Vögel an sein Futterhäuschen kamen.
»Die freuen sich«, sagte der Gartenzwerg. »Freust du dich auch?«
»Na ja, ein bisschen«, sagte Herr Wenzel. »Das Futterhaus ist mir eigentlich recht gut gelungen.«
»Recht gut?«, rief der Gartenzwerg. »Es ist sogar prächtig!«

»Na ja«, murmelte Herr Wenzel, und dabei wurde er ein klein wenig rot.
»Du solltest das Fenster putzen. An ein schmutziges Fenster können wir keine Weihnachtssterne hängen!«, sagte der Gartenzwerg.
Herr Wenzel starrte ihn an. »Welche Weihnachtssterne?«
»Die Sterne, die wir aus Stroh und Silberpapier basteln werden«, sagte der Gartenzwerg, wobei er stillvergnügt die Däumchen drehte.
»Ich brauche keine Sterne am Fenster«, murrte der Alte. »Da hätten bloß die Leute, die draußen vorbeigehen, etwas zu gaffen.«
Der Zwerg hörte auf, die Däumchen zu drehen. Er seufzte. »Tut mir Leid, dass du keine Sterne magst. Aber vielleicht erlaubst du mir, ein paar Butterkekse zu backen?«

»Kannst du das überhaupt?«
»Ist ein Kinderspiel!«, sagte der Gartenzwerg.
Mag sein, dass er zu viel Holz in den Ofen geschoben hatte. Mag sein, dass das Kuchenblech zu lange im Backrohr geblieben war. Die Kekse gelangen nicht. Kekse, die kohlschwarz sind, kann man nicht essen.
Herr Wenzel schimpfte. Der Gartenzwerg weinte. Dann bat der Gartenzwerg Herrn Wenzel, die Haustür zu öffnen. »Ich gehe freiwillig auf meinen Platz im Garten zurück«, erklärte er mit zitternder Stimme. »Ich gehe, bevor du mich hinauswirfst.«
Der Schnee fiel nun dichter und dichter.
Es wurde früh dunkel.
Herr Wenzel saß in seinem Schaukelstuhl und dachte an den Gartenzwerg, der draußen in der Kälte stand.
In der Nacht wälzte er sich unruhig von einer Seite auf die andere.
Frühmorgens hielt er nach dem Zwerg Ausschau. Der Zwerg stand unter dem Kastanienbaum. Bis über beide Ohren eingeschneit.
»Dieser verrückte Bursche sägt an meinen Nerven!«, sagte Herr Wenzel empört. »Was bildet er sich eigentlich ein?«
Nach dem Frühstück goss er heißes Wasser in einen Eimer und putzte das Fenster. Dann klebte er knurrend und murrend aus Strohhalmen zwei große Sterne. Und aus Silberpapier faltete er zwei kleine.
Zu Mittag hörte es auf zu schneien.
Die Sonne brach durch die Wolken.

Im Haus gegenüber bewegten sich die Vorhänge. Die Leute spähten zu Herrn Wenzels Fenster hinüber.
An den Scheiben hingen zwei große Strohsterne und zwei kleine Sterne aus Silberpapier.
Da muss ein Wunder geschehen sein, dachten die Leute.
Plötzlich trat Herr Wenzel aus der Haustür und stapfte mit energischen Schritten zum Kastanienbaum.
»Komm herein, die Suppe ist fertig«, schrie er wütend, grub den Zwerg aus dem Schnee und trug ihn ins Haus.
»Jetzt ist der alte Wenzel total übergeschnappt!«, flüsterten die Leute von drüben.
Sie wussten es nicht besser.

Im Wald

Winterschläfer

Der Holzwurm schnarcht im Fensterbrett.
Lehn dich nicht drauf,
sonst wacht er auf
und sucht sich ein bequemres Bett.

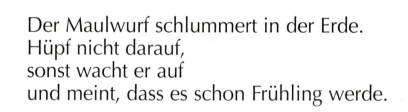

Der Maulwurf schlummert in der Erde.
Hüpf nicht darauf,
sonst wacht er auf
und meint, dass es schon Frühling werde.

Das Fischlein schläft tief unterm Eis.
Stampf nicht darauf,
sonst bricht es auf,
und wo du warst, da schwimmt ein Kreis.

Richard Bletschacher

Tiger

Tiger sind die größten Katzen der Erde. Auf ihren breiten Pfoten schleichen sie ganz leise. Sie sehen sich in ihrer Umgebung immer aufmerksam um und können die leisesten Geräusche hören.

Weihnachtsengel

Text und Melodie: Dorothée Kreusch-Jacob

Weih-nachts-en-gel fliegt um's Haus, schüt-tet weis-se Flok-ken aus, hängt die Wünsche in den Baum, schenkt dir ei-nen Weih-nachts-traum, schenkt dir ei-nen Weih-nachts-traum.

Weihnachtsengel fliegt ums Haus,
schüttet goldne Sterne aus,
hüllt dich ein in sein Gewand,
malt dir Sternlein in die Hand.

Weihnachtsengel fliegt ums Haus,
schüttet Silberglöckchen aus,
klingen leise, hell und sacht.
Kerzenlicht erhellt die Nacht.

Wer weiß einen Spruch für Weihnachten oder fürs neue Jahr? Auf das Schild kannst du ihn schreiben. Oder du malst ein Bild.

Kerzen-Engel

Dieser Engel hält in der Weihnachtszeit ganz still deine Kerzen. Du kannst ihn im Fenster aufstellen, dann leuchtet er schön.

Zum Basteln brauchst du:

1 Papptrinkbecher, 1 festes Stück Pappe, 1 Flaschenkorken, 1 Wattekugel, Klebstoff, 1 Stecknadel mit rotem Kopf, Gold- und Silber-Krepppapier, Schere, 2 Klemm-Kerzenhalter, Kerzen, Engelshaar, Transparentpapier.

Zuerst schneidest du einen Pappstreifen zurecht. Das werden die Arme. Du klebst die Arme auf den umgedrehten Trinkbecher. Darauf klebst du einen Korken und darauf die Wattekugel als Kopf. Aus goldenem Krepppapier klebst du ein Kleid am oberen Rand des Trinkbechers fest. Auch die Arme beklebst du mit Krepppapier. Aus Silberpapier faltest du eine Halskrause und klebst sie am oberen Rand des Korkens fest. Nun braucht dein Engel noch Haare, Augen und Mund. Die Stecknadel mit dem roten Kopf wird die Nase. Und schließlich noch die Kerzenhalter festklemmen.

Weihnacht im Wald

Wer hat für die Vögel im Wald die kleine Tanne mit leckeren Futterringen behängt? Wer hat für die Kaninchen einen Korb mit frischen Möhren und saftigem Salat hingestellt? War es der Weihnachtsmann? Waren es freundliche Menschen? Den Tieren schmeckt alles sehr gut!

Der Weihnachtsmann aus dem Wunderwald

Von Marie-Luise Prövestmann, mit Bildern von Téo Puebla

Wenn die Tage kürzer werden und die Abende länger, wenn die Luft nach Schnee riecht und vor Kälte klirrt, wenn die Straßen mit Lichterketten geschmückt sind und es nach Lebkuchen duftet, dann weiß jedes Kind – wirklich jedes –, dass es bald Weihnachten wird.
Es ist auch die Zeit, in der Mütter gerne Geschichten erzählen. Spannende Geschichten und traurige. Lustige Geschichten und ernste. Ja, und geheimnisvolle Geschichten. Wie die vom Weihnachtsmann.
Und falls auch du diese Geschichte hören möchtest, dann pass jetzt gut auf. Ich werde sie dir erzählen.

Der Weihnachtsmann wohnt im unsichtbaren Wunderwald. Irgendwo zwischen Himmel und Erde. Kein Mensch hat bisher den Wunderwald betreten. Niemand hat ihn mit eigenen Augen gesehen. Nicht einmal durch ein Fernrohr. Und doch weiß ein jeder, dass es den Wunderwald gibt. Denn manchmal – in der Nacht – dürfen wir davon träumen. Unsere Träume erzählen uns von dem kleinen Haus im tiefen Schnee und von der warmen Stube, in der der Weihnachtsmann wohnt und arbeitet. Fleißig ist der alte Herr mit dem weißen Bart, denn er möchte jedem Kind zum Weihnachtsfest eine Freude bereiten. Und so bastelt und sägt und malt und schnitzt er für alle Kinder dieser Welt, die an ihn glauben. Und nicht eines vergisst er. Auch dich nicht.
Müde wird der Weihnachtsmann bei seiner Arbeit nie. Denn Arbeit, die Spaß macht, ermüdet nicht. Sein Ansporn ist die Vorfreude auf glückliche Kindergesichter.
Zaubern allerdings kann der Weihnachtsmann nicht. Er tut jedoch stets frohen Herzens, was in seinen Kräften liegt. Auch für dich.
Rückt das Weihnachtsfest heran, so holt der Weihnachtsmann seine gefütterten Stiefel hervor und bürstet seinen roten Mantel. Er kleidet sich jedes Jahr gleich, damit ihn alle Menschen sofort erkennen können. Noch nie hat der Weihnachtsmann anders ausgesehen. Auch nicht vor hundert Jahren. Und wenn sich noch so vieles auf der

Welt verändert, der Weihnachtsmann bleibt immer so.
Bevor der Weihnachtsmann sein Häuschen im Wunderwald verlässt, um auf die Erde zu kommen, verpackt er die Geschenke der Kinder. Das grüne Päckchen mit dem roten Band ist für den kleinen Anton. Das gelbe Paket bekommt Susanne. Viele Namen muss sich der Weihnachtsmann merken. Und manche klingen fremd für uns, denn Kinder leben überall auf der Welt. Maurice lebt in Frankreich, Stepan in Polen, Ivan in Russland, Ron in Amerika und Mary in England. Und auch dein Päckchen ist schon gepackt. Welches mag es wohl sein? Und was ist darin?
Wenn sich der Himmel im Wunderwald rosa färbt und Schnee auf Wegen, Stegen, Büschen und Bäumen liegt, dann ist der Heilige Morgen angebrochen. Der Weihnachtsmann weiss dies so sicher, dass er nicht einmal auf seinen Kalender zu schauen braucht. Und er hat sich noch nie verspätet. In keinem Jahr.
Das liegt natürlich auch an seinen zwei treuen Rentieren. Sie sind schneller als der Wind, flinker als der Pfeil, ja, sie fliegen dahin wie Gedanken.
Und mag der Weihnachtsmann den Schlitten auch noch so voll beladen, die Rentiere spüren ihn kaum.
Weit ist der Weg vom unsichtbaren Wunderwald zur Erde. Und wollte ein Mensch ihn zurücklegen, so brauchte er sicher ein ganzes Leben für diese Reise.
Der Weihnachtsmann aber und seine Rentiere benötigen dafür weniger als eine Sekunde. Ja, nicht einen Augenblick. Deshalb hat auch noch nie ein Mensch den Schlitten am Himmel gesehen. Er ist zu geschwind für unsere Augen.
Er muss es sein. Denn sein Weg führt nicht nur vom Wunderwald zur Erde, sondern auch noch durch alle Länder dieser Welt. Durch jede Stadt und jedes Dorf. Durch jede Straße und jede Gasse. Wenn auch das Gespann für uns unsichtbar bleibt, so können wir doch manchmal die Glöckchen am Geschirr der Rentiere läuten hören. Ganz zart und leise.
Auf der Erde angekommen, nimmt der Weihnachtsmann die kürzesten Wege in die Weihnachtsstuben. Er überwindet Tore und Zäune, steigt über Hintertreppen, klettert durch Fenster und gleitet mitunter sogar durch den Schornstein ins Haus.
Jetzt, wo du weißt, dass er alle Kinder dieser Welt beschenken möchte, kannst du vielleicht einsehen, dass er nicht lange bei dir verweilen kann. Aber er kommt. Darauf ist Verlass. Manchmal spricht er dann mit dir. Oder aber mit Maurice, Stepan, Ivan, Ron und Mary.
Wie war es denn im letzten Jahr?

Kannst du dich daran erinnern? Und wie war es bei deinen Freunden? Wenn es draußen schneit und die Kinder einen Schneemann bauen, wenn die Großmutter zu Besuch ist und mit den Enkeln in der Küche Weihnachtskekse backt, wenn Tobias in seinem Zimmer noch ein Gedicht auswendig lernt und Corinna Flöte übt, dann will der Weihnachtsmann nicht stören. Er huscht ganz heimlich in das Weihnachtszimmer hinein und stellt sein Päckchen unter den Tannenbaum. Er füllt die Stiefel mit Äpfeln und Nüssen, mit Schokolade und Lebkuchen. Er steckt einen Stern auf die Tannenbaumspitze und zündet die Kerzen am Lichterbaum an. Danach verschwindet er so leise, wie er gekommen ist.

Spät in der Heiligen Nacht hat der Weihnachtsmann schließlich alle Geschenke verteilt. Sein Schlitten ist leer, und er hat das andere Ende der Welt erreicht.

Der Mond steht am Himmel und beleuchtet den Rückweg zum unsichtbaren Wunderwald.

Die Rentiere haben keine Eile mehr. Sie sind ein wenig müde und nicht mehr ganz so schnell. Und nun könntest du vielleicht den Weihnachtsmann in seinem Schlitten hoch oben am Himmel sehen. Aber du packst ja – genau wie die anderen Kinder – Geschenke aus. Und der Weihnachtsmann weiß das und freut sich darüber. So bleibt der Weg zum Wunderwald für uns alle immer ein Geheimnis.

Der Weihnachtsmann aber kehrt zurück in sein Häuschen. Er ist froh und zufrieden. So, wie auch wir Menschen froh und zufrieden sind, wenn wir eine schwierige Aufgabe bewältigt haben.

Er wird sich nun eine ganz kleine Weile Ruhe gönnen. Er wird ein wenig schlafen und ein wenig träumen oder den Schneeflocken zuschauen, wenn sie sacht zu Boden fallen.

Aber schon sehr bald wird er seine Arbeit wieder aufnehmen: Schaukelpferde schnitzen, Puppenstuben basteln, Stofftiere nähen und Lokomotiven reparieren. Alles auf Vorrat. Für das nächste Jahr und für das nächste Weihnachtsfest. Denn der Weihnachtsmann weiß, dass die Kinder dieser Welt ihn brauchen.

Nun kennst du die Geschichte vom Weihnachtsmann im unsichtbaren Wunderwald. Du kannst von seinem Häuschen träumen, von seinem Schlitten, seinen flinken Rentieren und seinem weiten, weiten Weg zu uns.

Bloß eines vergaß ich zu berichten: der Weihnachtsmann verschenkt nur die Dinge, die Glanz und Freude in Kinderaugen zaubern können. Für andere Gaben hat er auf seinem Schlitten keinen Platz. Deshalb achte gut darauf, dass der Weihnachtsmann deine Wünsche auch erfüllen kann. Am liebsten sind ihm die Wünsche, die in ein kleines Päckchen passen. Wenn du daran denkst, kannst du sicher sein, dass dir der Weihnachtsmann dein Päckchen unter den Tannenbaum legen wird.

Frau Holles Schneebälle

Du brauchst: 100 g gemahlene Mandeln, 180 g Feigen, 100 g Rosinen, 100 g Vollkornhaferflocken, 2-3 Esslöffel Honig, Kokosraspeln

1. Im Mixer zerkleinerst du die Feigen und Rosinen.

2. Darunter mischst du nun die gemahlenen Mandeln, die Haferflocken und den Honig. Verknete alles zu einem weichen Teig.

3. Aus dem Teig formst du kleine Kugeln und wälzt sie in den Kokosraspeln. Nun lässt du sie einen Tag trocknen.

Rentier

Hoch im Norden leben die Rentiere. Männchen und Weibchen haben ein Geweih. Rentiere ziehen in Herden durch das weite Land, immer auf der Suche nach Futter. Im Winter finden sie es unter der Schneedecke.

Ins Bett!

Hamster Hansi geht ins Bett. Welchen Weg muss er gehen? Die anderen Hamster schlafen schon. Schlafen wirklich alle?

Texte in neuer Rechtschreibung

»spielen und lernen«-Jahrbuch für Kinder 1999
© 1998 Velber Verlag GmbH, 30923 Seelze
Alle Rechte vorbehalten · Printed in Germany

Herausgeber: Klaus Ruhl
Redaktion und Gestaltung: Sabine Lohf, Angela Wiesner
Sekretariat: Jutta Siemens, Editha Wegner

Titelbild: Irmgard Eberhard

Illustratoren: Klaus Bliesener (S.72/73); Irmgard Eberhard (S.»Liebe Kinder«,1,5,19,26, 36,44,55,64,76,82,92,102,115); Wilfried Gebhard (S.98/99,110/111); Kirsten Höcker (S.45); Detlef Kersten (S.8,18,30-32,69,74,112,114); Sabine Lohf (S.22/23,34/35, 56/57,70/71,77-79, 116/117); Cecilea Macagno (S.60/61); Hildegard Müller (S.12-16); Lynn Munsinger (S.38-43, 95-97); Brian Pilkington (S.88/89); Hans Poppel (S.6/7); Petra Probst (S.50-54); Téo Puebla (S.120-125); Marlies Rieper-Bastian (S.80/81); Susanne Riha (S.46/47, 100/101, 118/119); Andreas Röckener (S.84/85,90/91); Doris Rübel (S.104/105); Katja Schmiedeskamp (S.4,24/25,48,106-109); Ingrid und Dieter Schubert (S.62/63); Renate Seelig (S.33,58, 86/87,94,126); Christa Unzner (S:10/11); Max Velthuijs (S.65-68); Uli Waas (S.28/29); Angela Wiesner (S.128); Maria Wissmann (S.20/21)

Redaktionelle Texte: Dr. Claudia Toll

Fotonachweise: Bavaria/Masterfile Cooperation (Eisfuchs S.9); Okapia/Manfred Danegger (Schneehase S.17); Angermayer/Hans Reinhard (Schaf mit Lamm S.27, Rind mit Kalb S.37); Rolf Hinz (Hauskatze S. 49); Hans Reinhard (Schwan S. 59); Mauritius/Lacz (Koala S. 75); Angermayer/Fritz Pölking (Spitzmaulnashorn S. 83); Bavaria/Stock Imagery (Grizzlybär S. 93); Geduldig/Dr. Brehm (Eichhörnchen S.103); Bavaria/TCL (Tiger S. 113); IFA-Bilderteam/R. Maier (Rentier S. 127)

Offsetreproduktionen: LPI, Langenhagen
Druck: Neef+Stumme GmbH & Co KG,Wittingen

Quellennachweise: S. 4 »Im Winter« Text von Dr. Claudia Toll, © Autor, Illustration Katja Schmiedeskamp aus: Gisela Dick u.a. »Leporello 2«, Sprechen-schreiben-lesen, © Westermann Schulbuchverlag GmbH, Braunschweig 1998; S. 8 »'s wird gut« Text und Melodie von Dorothée Kreusch-Jacob, aus: Finger spielen - Hände tanzen, Don Bosco Verlag, © Autor; S. 12-16 »Ein Mond für Leonore« von James Thurber, Übersetzung von Hildegard Krahé, Lappan Verlag 1995; S.18 »Zehn kleine Winzelzirzel« Text und Melodie von Dorothée Kreusch-Jacob, aus Finger spielen - Hände tanzen, Don Bosco Verlag, © Autor; S.24/25 »Vom dicken fetten Pfannekuchen« aus: Gisela Dick u.a. »Leporello 2«, Sprechen-schreiben-lesen, © Westermann Schulbuchverlag GmbH, Braunschweig 1998; S. 30-32 »Schnuckiputz« von Franz Stanzl, © Autor; S. 38-43 »Großer Bruder Maxi Hase« von Lynn Munsinger/ Abby Levine, © für die deutsche Ausgabe, Lentz Verlag in der F.A. Herbig Verlagsbuchhandlung GmbH, München 1995; S. 45 »König Klitzeklein« von Dr. Hermann Krekeler, © Autor; S. 46/47 »Erdkröte«, S.100/101 »Graugans« von Susanne Riha aus: Wir machen eine weite Reise, © 1998 by Annette Betz Verlag, Wien - München; S. 48 »fünfter sein« Text von Ernst Jandl aus: Der künstliche Baum, © 1997 Luchterhand Literaturverlag GmbH, München, Illustration Katja Schmiedeskamp aus: Gisela Dick u.a. »Leporello 2«, Sprechen-schreiben-lesen, ©Westermann Schulbuchverlag GmbH, Braunschweig 1998; S. 50-54 »Das Geburtstagspaket« von Ingrid Uebe, © Autor; S.56/57 »Gutnacht, dicker Bär« Text von Christa Zeuch/ Illustrationen Sabine Lohf aus: Abends, wenn der Sandmann kommt, © by Arena Verlag GmbH, Würzburg 1997; S. 60/61 »Der kleine Elefant« von Cecilea Macagno/Nadia Gherardi, © für die deutsche Ausgabe by bohem press, Zürich; S. 62/63 »Tiere im Versteck« von Ingrid und Dieter Schubert aus: Dickes Fell und bunte Federn, © by Lemniscaat b.v., Rotterdam 1994, © der deutschsprachigen Ausgabe by Verlag Sauerländer, Aarau, Frankfurt a. M. und Salzburg 1995; S. 65-68 »Frosch und der Fremde« von Max Velthuijs, © für die deutsche Ausgabe Lentz Verlag in der F.A. Herbig Verlagsbuchhandlung GmbH, München 1993; S. 69 »Krokodil schwamm im Nil« Text Janosch, Melodie Dorothée Kreusch-Jacob, aus: Finger spielen-Hände tanzen, Don Bosco Verlag, © Autor; S. 74 »Überall gibt's Bären« von Nortrud Boge-Erli, © Autor; S. 77-79 »Wo kommt der Traumsand her« Text von Christa Zeuch/Illustrationen Sabine Lohf aus: Abends, wenn der Sandmann kommt, © by Arena Verlag GmbH, Würzburg 1997; S. 84/85 »Dornröschen« Volksgut; S. 86/87 Volksgut, Illustration Renate Seelig aus: Es war einmal ein Männchen, Ravensburger Buchverlag, © Autor; S.88/89 »Was macht der Weihnachtsmann im Sommer?« von Brian Pilkington aus: Was macht der Weihnachtsmann das ganze Jahr, © Boje Verlag, Erlangen; S.95-97 »Alle unsere Freunde« von Lynn Munsinger/Ann Tompert, © für die deutsche Ausgabe Lentz Verlag in der F.A. Herbig Verlagsbuchhandlung GmbH, München 1994; S. 98/99 »Ferien auf dem Bauernhof«, S. 110/111 »Im Wald« von Wilfried Gebhard aus: Auf dem Lande ist was los, © Lappan Verlag, Oldenburg; S. 106-109 »Herr Wenzel und sein Gartenzwerg« von Vera Ferra-Mikura aus: Adventsträume, Gütersloh 1981, © Autor; S. 112 »Winterschläfer« von Prof. Dr. Richard Bletschacher aus: Der Mond liegt auf dem Fensterbrett, Österreichischer Bundesverlag 1982, © Autor; S. 114 »Weihnachtsengel« Text und Melodie Dorothée Kreusch-Jacob, © Autor; S. 118/119 »Weihnacht im Wald« von Susanne Riha aus: Tiere feiern Weihnachten, © by Edition Bücherbär im Arena Verlag GmbH, Würzburg 1997; S. 120-125 »Der Weihnachtsmann aus dem Wunderwald« von Marie-Luise Prövestmann/Téo Puebla aus: Peters Bilderbuch, © Dr. Hans Peters Verlag, Hanau

Lieder

Verse

Geschichten

Basteleien